かえうた&た
手遊び・手話
SONG BOOK

いつでもすぐに楽しめる
保育の歌
ベスト29

頭金多絵【編著】

いかだ社

はじめに

　講習会などの質問で、
「簡単な、お帰りの時の歌はありませんか？」
「遠足の時に歌う、かわいい歌はないですか？」
などと、自分たちの生活や遊びに合った歌を知りたいという声をよく聞きます。
　そんな時に…
　常に新しい歌や遊びを仕入れなくても、ちょっと頭をやわらかくして「替え歌」にしてみると、自分たちのクラスに一番ピッタリの歌や遊びが生まれますよ。
　そして行事の場合には、子どもと一緒に歌詞を考えることで、思わぬ副産物を生むことだってあります。
　自分たちで歌詞を作るということは、自分たちの生活や一人ひとりの友だちを見つめ直すことになりますから、絆がぐっと深まります。
　あるクラスで、子どもと一緒に、"勤労感謝の日"のとりくみとして、お父さんやお母さんの仕事を歌う替え歌を作りました。
「おばちゃんのパン屋さん、あたし行ったことあるよ」
「銀行ってさ、お金がピッタリ合わないと大変なんだってね」
「ねえねえ、今度さ、おじさんのおそば食べに行くね」
などと、子どもとお父さん、お母さんたちの会話が生まれ、大人と子どもも仲良しになりました。さらに、陶芸をしているお父さんからの申し出で、子どもたちに茶碗作りを経験させていただくことにもつながりました。
　そして何より替え歌は、まさしく「自分たちの歌」ですから、それはもう大喜びで歌います。
　さあ、みなさんも頭をやわらかくして、替え歌作りに挑戦してみてください。

　　　　　　　　　　　　　　　　　　　　　　　　　頭金多絵

目次

はじめに　3

はと……………6
みんな大好き……………8
誕生日のうた……………10
どんぐりころころ……………12
カレーライスのうた……………16
やまごやいっけん……………18
げんこつやまのたぬきさん……………20
Ten Little Indians……………22
グーチョキパーでなにつくろう……………24
ちょうちょう……………28
うさぎとかめ……………29
とんとんとんとんひげじいさん……………30
桃太郎……………32
こぶたぬきつねこ……………34
春が来た……………38
かたつむり……………40

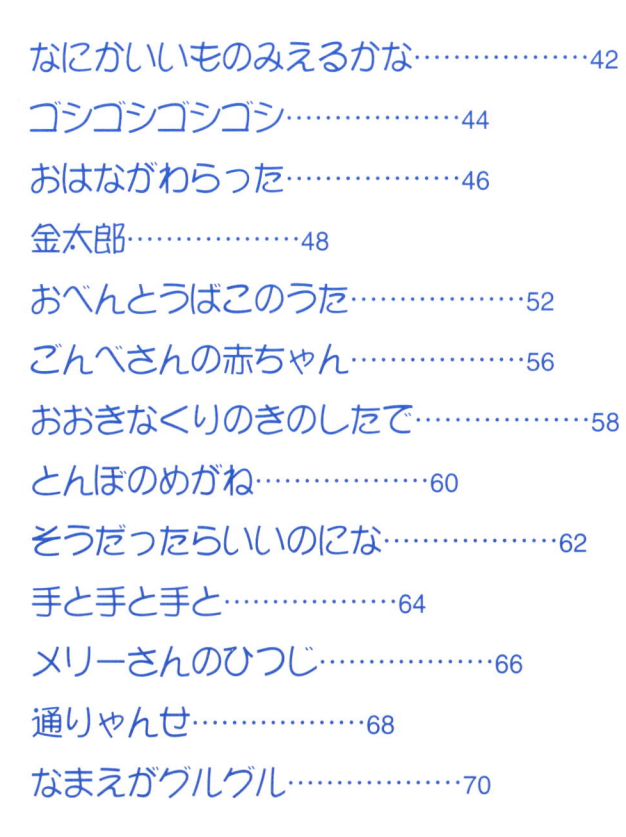

なにかいいものみえるかな……………42
ゴシゴシゴシゴシ……………44
おはながわらった……………46
金太郎……………48
おべんとうばこのうた……………52
ごんべさんの赤ちゃん……………56
おおきなくりのきのしたで……………58
とんぼのめがね……………60
そうだったらいいのにな……………62
手と手と手と……………64
メリーさんのひつじ……………66
通りゃんせ……………68
なまえがグルグル……………70

こんな手話も覚えておくといいですね………………72
手話で動物を表わす……………74
手話で自己紹介できたらいいですね………………77
50音指文字から自分の名前をさがしてみましょう………………78

【コラム】
ぼくの歌・わたしの歌……………21
4がいてくれるからこそ……………51
グーチョキパーな関係を……………61
手話は聴覚障害者の大切な「言語」………………73

はと

クラスのみんなで、楽しみましょう。
握手をしたり、相手の肩をたたいたり、手を取り合ってみたりして、
ますます仲良くなりましょう。

はと

文部省唱歌

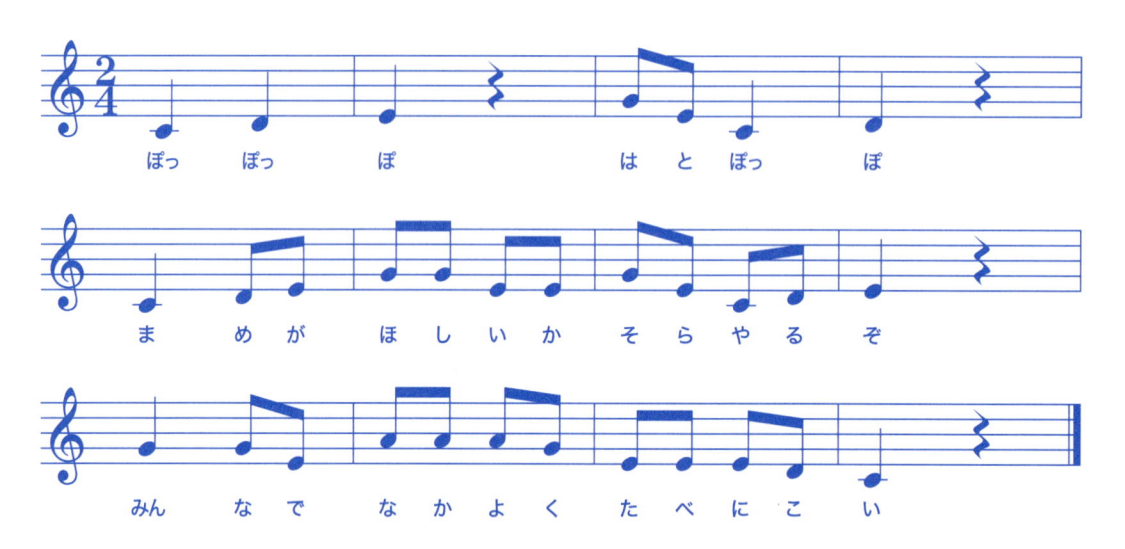

ぽっ ぽっ ぽ　　　は と ぽっ ぽ
ま め が ほ し い か そ ら や る ぞ
み ん な で な か よ く た べ に こ い

ジャンケン遊び　2番が終わったら、相手を替えて、また1番からやります。
●みんなでふれあいながら楽しめます。

はじめよう　*1番の替え歌と振り付け*

♪トットコト
あるきます

♪はじめまして

♪こんにちは

♪いっしょになかよく
あそびましょう

相手に向かって、てくてく
てくてく歩いて行く

握手をする

握手をしたまま
「こんにちは」と、
おじぎをする

両手で、相手の肩を
たたき合う

2番の替え歌と振り付け

♪グーチョキパー あそびましょう 
グーを出す
チョキを出す
パーを出す

♪あくしゅを してから 
握手をする

♪ジャンケンポン 
ジャンケンポンをする

♪くるくるくるくる まわりましょう 
勝った人はバンザイをする
負けた人は、勝った人の周りをスキップでまわる
あいこだったら、手を取り合ってまわる

赤ちゃんとスキンシップしましょう

はじめよう

まだ、ねんねしている赤ちゃんでも遊んであげられます。顔を見つめながら、ゆっくり優しく、赤ちゃんのからだを指先まで愛情を込めた大人の手でお散歩しましょう。

♪トットコト あるきます 
寝ころんでいる赤ちゃんの足からお腹へ、中指と人差し指を歩いているように動かす

♪まあるいおなかを ぽんぽこぽん 
お腹を「ぽんぽこぽん」とさわる

♪かわいい○○ちゃん いないいないばあ 
いないないばあをする

♪トットコト あるきます 
赤ちゃんのお腹からほっぺまで、指を歩かせるように動かす

♪まあるいほっぺを ス〜リスリ 
ほっぺを優しくすりすりする

♪かわいい○○ちゃん いないいないばあ 
いないないばあをする

みんな大好き

敬老の日の集会では、まず子どもたちの元気な姿を、おじいちゃんやおばあちゃんに見てもらいましょう。そして大声歌合戦で楽しみましょう。
おじいちゃんやおばあちゃんはきっと喜んでくれますよ。
「トン・トン」と肩たたきをしながら歌うのもいいですね。

みんな大好き

作詞・作曲　二本松はじめ

あおいそらが　すき　すき　あおいうみが　すき　すき
おひさまいっぱい　すき　すき　みんなだいすき
そら　うみ　そら　うみ　そらそらそらそら　うみうみうみうみ
そらそらそらそら　うみうみうみうみ　みんなだいすき

はじめよう　大声歌合戦！

子どもたちは、おじいちゃんチーム、おばあちゃんチームにわかれます。（歌詞はp.9を参照）
歌詞の「おじいちゃん」のところは、おじいちゃんチームが歌います。「おばあちゃん」のところは、おばあちゃんチームが歌います。
それ以外の歌詞は、全員で歌います。
審判を決めて（園長先生でもいいですね）、子どもたちの前に立ってもらいます。
歌い終わったらどちらが大きな声だったかを判定してもらいます。

肩たたき！

大声歌合戦を楽しんだ後に、輪になったり列を作ったりして、替え歌を歌いながらおじいちゃんやおばあちゃんの肩をたたきましょう。

♪ やさしい　おばあちゃんがスキスキ
　　たのしい　おじいちゃんがスキスキ
　　笑顔がいっぱい　スキスキ　みんなだいすき
　　おばあちゃん　おじいちゃん　おばあちゃん　おじいちゃん
　　おばあちゃん　おばあちゃん　おばあちゃん　おばあちゃん
　　おじいちゃん　おじいちゃん　おじいちゃん　おじいちゃん
　　おばあちゃん　おばあちゃん　おばあちゃん　おばあちゃん
　　おじいちゃん　おじいちゃん　おじいちゃん　おじいちゃん
　　みんなだいすき

運動会の応援合戦でも！

運動会の応援合戦の替え歌を作って、みんなで頑張りましょう。

♪ （赤組）もえる赤がスキスキ
　　（白組）さわやか白がスキスキ
　　（全員）笑顔がいっぱい　スキスキ　みんなだいすき
　　（赤組）あか
　　（白組）しろ
　　（赤組）あか
　　（白組）しろ
　　（赤組）あか　あか　あか　あか
　　（白組）しろ　しろ　しろ　しろ
　　（紅組）あか　あか　あか　あか
　　（白組）しろ　しろ　しろ　しろ
　　（全員）みんなだいすき

誕生日のうた

- クラスの誰かに嬉しいことがあった時や、何かができるようになった時に
- 替え歌にして、みんなで歌うといいですね。
- 例えば「バーンザイ、バンザイ、バーンザイ、バンザイ」のところでは、
- 先生2人で子どもの脇と足を持って、数回持ち上げてみましょう。
- そして、「ほんとにおめでとう」のあとは、大きな拍手をしましょう。
- 子どもたちはみんな大喜びすることまちがいなしです。

誕生日のうた

作詞　まき・みのり　　作曲　峯陽

誕生日　おめでとう　たーかしちゃん　おめでとう
どんどんのびて　てんまでとどけ　ほんとにおめでとう

はじめよう

♪ たかしちゃん　おめでとう　お兄ちゃんだね　おめでとう
　バーンザイ　バンザイ　バーンザイ　バンザイ
　ほんとに　おめでとう

おめでと～
ほんとに
おめでと～！

「バンザイ　バンザイ」のところでは、子どもを何度か持ち上げます。

逆上がりが
できるようになったよ！

嫌いな物はないよ！

三ツ編ができたね！

仲良しだよ！

なかよし

どんぐりころころ

乳児向けの、みんなで楽しむ運動遊びです。
床に寝転がって、歌いながらコロコロと転がるだけです。
小さい子なら先生が転がしてあげても喜びます。

どんぐりころころ

作詞　青木存義　　作曲　梁田貞

どん ぐりころころ　どん ぶりこ　　おいけに はまって　さあ たいへん

どじょうがでてきて　こん にちは　　ぼっちゃん いっしょに　あそびましょう

はじめよう

寝転がって！

♪ どんどんころころ　どんころろ
　 どんどんころころ　どんころろ
　 どんどんころころ　どんころろ
　 みんなでころころ　めがまわるー

飛び跳ねながら！

♪ ゆらゆらぴょんぴょん　ゆらぴょんぴょん
　 ゆらゆらぴょんぴょん　ゆらぴょんぴょん
　 ゆらゆらぴょんぴょん　ゆらぴょんぴょん
　 みんなでぴょんぴょん　たのしいねー

歌に合わせて振り付けしよう

♪どん　　　　♪ぐり　　　　♪ころ　　　　♪ころ

右手を握り、右ひじに左手の平を添える

右手を前に倒すと同時に、右拳を左手の平に打ちつける

左手を握り、左ひじに右手の平を添える

左手を前に倒すと同時に、左拳を右手の平に打ちつける

以上の動作を歌に合わせて最後まで繰り返します。

うまくできるようになったらスピードを早くしてやってみましょう。

はやいよ〜!!

ぼくもできるぞ!!

ちがうよ!!

5～6人で円になってやってみても楽しい。円でする時は、右手の拳を右隣の人の左手の平に打ち、左隣の人の拳を左手の平に受けます。左手の拳の時はこれの逆になります。うまくできるかな。

手話の挨拶も覚えましょう！

手話の挨拶のしかたも、簡単な歌の替え歌にしてみると楽しく覚えられますね。
「朝」「正午」「晩」のしぐさに、両手の人差し指を向かいあわせて、軽く曲げる「挨拶」という手話を組み合わせます。
「挨拶」の両人差し指は、人を表しています。人差し指を曲げるのは、人が頭を下げる様子を示しています。

♪ まくらをはずして（拍手）　おはようさん（手話）
　時計が12時（拍手）　こんにちは（手話）
　くらくなったら（拍手）　こんばんは（手話）
　手話であいさつ（拍手）　楽しいね（手話）

「おはよう」は「朝」＋「挨拶」
「こんにちは」は「正午」＋「挨拶」
「こんばんは」は「晩」＋「挨拶」
というように、手話では「朝」「正午」「晩」の手話に「挨拶」の手話を組み合わせます。

[挨拶]

両手の人差し指を向かい合わせて、軽く曲げる

[楽しい]

両手の平を胸にあて、交互に上下に振ります

[朝]　[正午]　[晩]

グーにした手を頭につけて下にします。枕から離れるというしぐさです。

チョキにした指を立てて、額にあてます。時計が12時を示していますというしぐさです。

パーにした両手を体の前で交差させます。あたりが暗くなってきましたというしぐさです。

カレーライスのうた

- 4～5歳くらいの子どもたちと「何でもカレーライス」を作ってみましょう。
- ままごとの食べ物や、絵カードの食べ物などをたくさん準備します。
- 食べるカレーにはとうてい入りそうのない食べ物でも、この年齢の子どもたちは有り得ない「カレー作り」を楽しんでくれるはずです。
- どのチームが一番おいしそうかな？

カレーライスのうた

作詞　ともろぎゆきお　　作曲　峯陽

にんじん　たまねぎ　じゃがいも　ぶたにく　お

なべで　いためて　ぐつぐつにましょう　（どーぞ）

はじめよう

① 一人ひとつずつ食べ物を選んでカードを手に持ってもらいます。
② 鍋に見立てられるものをテーブルに置きます（大きめの丸い紙や箱、本物の鍋など）。
③ 一人ずつ順番に、自分の選んだ食べ物を「おさかな」（みんなも「おさかな」と繰り返して歌う）と歌いながら、鍋に入れていきます。
- 人数が多かったらチームを分けてやります。

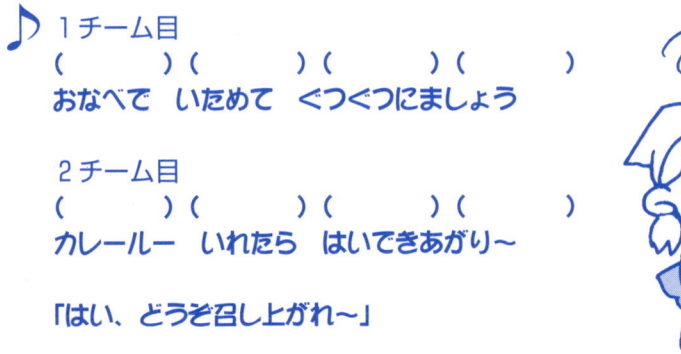

♪ 1チーム目
（　　）（　　）（　　）（　　）
おなべで　いためて　ぐつぐつにましょう

2チーム目
（　　）（　　）（　　）（　　）
カレールー　いれたら　はいできあがり～

「はい、どうぞ召し上がれ～」

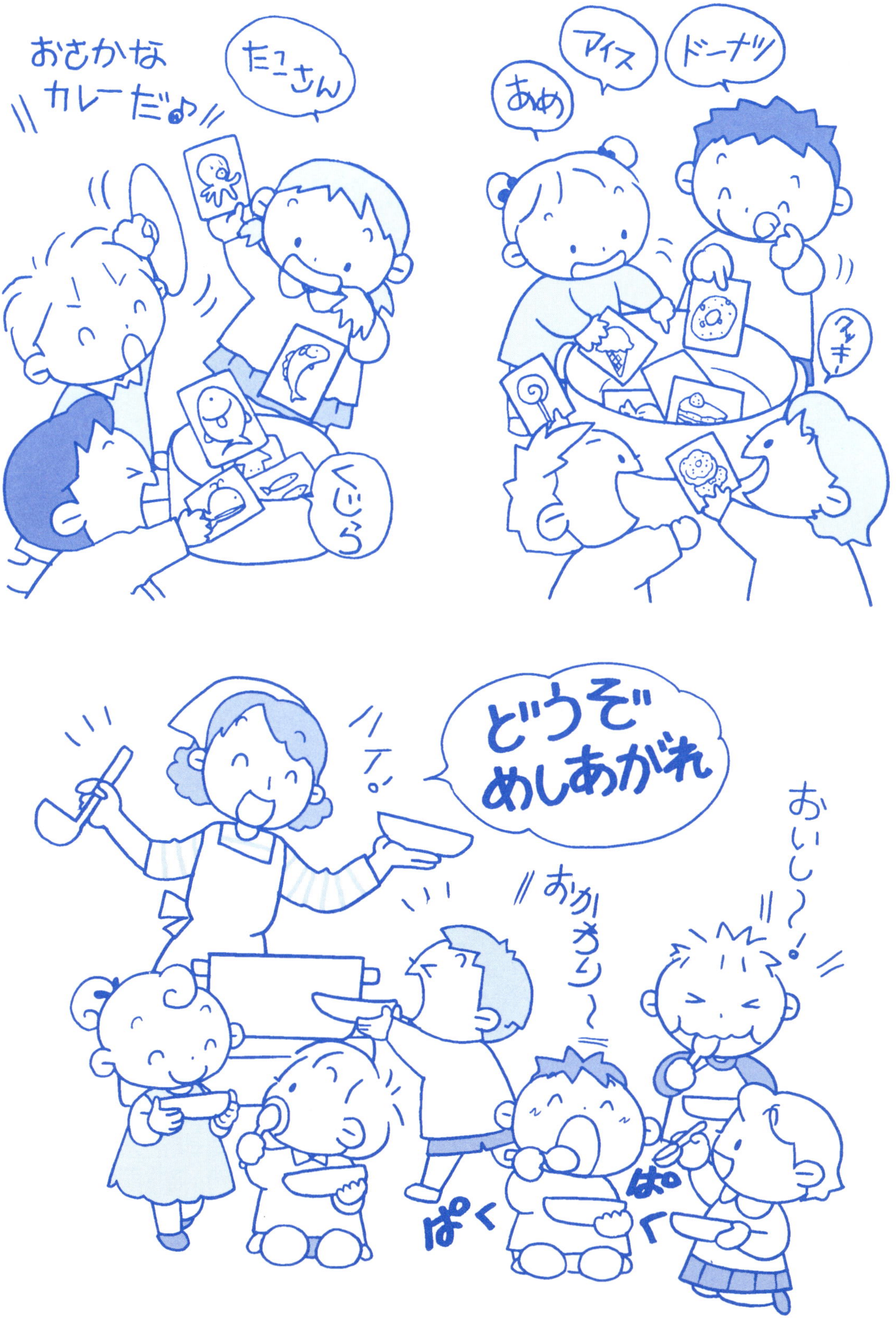
おさかなカレーだ♪
たこさん
くじら
あめ
アイス
ドーナツ
クッキー
どうぞめしあがれ
ハイ!
おかわり〜
おいし〜!
ぱく
ぱく

やまごやいっけん

- 紙のお家を作って遊びます。
- 小さい子どもたちには見せてあげて楽しみますが、年長さん以上なら
 ぜひ子どもたちにもお家を作ってもらいましょう。
- 自分の好きな動物にして、歌詞を替えて楽しみましょう。

やまごやいっけん

訳詞　志摩桂　　アメリカ曲

やまごや いっけん　ありま　した　まどから みて いる　おじ いさ　ん

かわいい うさぎが　ぴょんぴょんぴょん　こちらへ にげて き　た

たすけて！ たすけて！　おじ いさ　ん　りょうしの てっぽう　こわ いんで　す

さあさあ はやく　おは いんなさい　もう だいじょうぶだ　よ

はじめよう

♪やまごやいっけん　ありました　ともだちまってる　おじいさん
　かわいいうさぎが　ぴょんぴょんぴょん　こちらへやってきた
　トントントントンおじいさん　あそびにきました　うさぎです
　さあさあはやく　おはいんなさい　いっしょにあそびましょう

♪やまごやいっけん　ありました　うさぎとあそぶ　おじいさん
　うたって　おどって　えほんみて　おやつも　たべました
　きょうもたのしくあそんだね　そろそろかえる　じかんです
　ばいばい　さよなら　またあした　おおかみにきをつけて

やまごやの作り方　　少し大きめの紙（A3くらい）で作りましょう。

① 半分に折ります。

② もう一度、折ります。

③ タテとヨコの真ん中をつまんで、しるしをつけます。

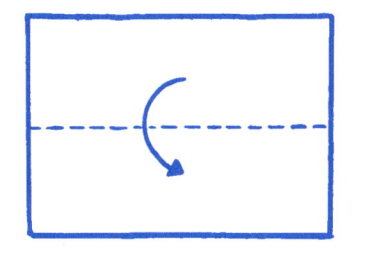

④ 隣りの人に紙を借り、タテとヨコのしるしを合わせ、下にある自分の紙を折ります。

⑤ 今度は交換して、同じように折ります。

かえっこ

⑥ 折ったところを、指を入れて広げます。

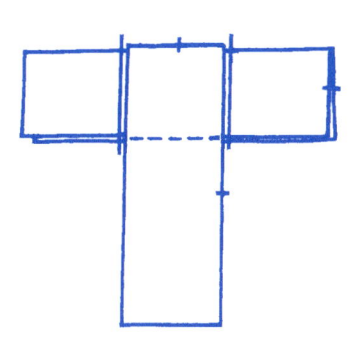

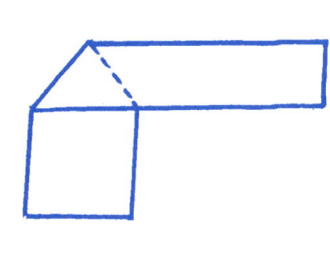

⑦ 絵を描きます。

⑧ 中央の絵を指でおすように入れ替えて、うさぎが来たり、帰ったりします。

げんこつやまのたぬきさん

- 赤ちゃんのからだをいっぱい触りながら、遊んであげてください。
- ○○には子どもの名字やクラスの名前を、
- △△には子どもの名前を入れて歌ってあげましょう。

げんこつやまのたぬきさん

わらべうた

げん こ つ や ま の　た ぬ き さ ん

おっ ぱ い の ん で　ね ん ね し て

だっ こ し て おん ぶ し て ま た あ し た

はじめよう

♪ ○○さんちの△△ちゃん
　受話器をはずして電話して
　ヒッポパポ　ヒッポパポこんにちは

仰向けの子どものからだ
じゅうをなでなでする

片方の足を受話器に
見立てて持つ

プッシュボタンを押すようにお腹をツンツンしたら、
足の裏を先生の耳に当て「もしもし～△△ちゃんです
か～」ひとこと電話でお話してあげましょう

コラム
ぼくの歌・わたしの歌

　ある年の秋に、２歳児のクラスに中国から女の子がやってきました。名前はリンリンちゃんです。
　環境がガラリとかわった上に、日本語も分からないし、最初の頃はとても不安そうでした。２ヶ月くらい経った頃にクリスマスソングとして、「あわてんぼうのサンタクロース」を歌い始めたんです。
　そしたら「りんりんりん、りんりんりん、りんりんり～ん♪」のところでリンリンちゃんがニコっと笑ってくれました。
　私たちは初めて見せてくれた笑顔が嬉しくて、それから１日に何度もこの歌を歌ってあげました。
　「リンリンちゃんの歌だもんね～」という保育士の声を聞いて、黙っている２歳児たちではありません。
　「ねぇ～ぼくのうたは～」「○○ちゃんもうたって～」とみんなが言い始めたんです。
　一生懸命に探しました。
　幸子ちゃんの歌は「さっちゃんはね、、、」とすぐに決まりましたが、そうそうピッタリと名前にはまる歌はありません。
　そこで、それぞれのマークに目を向けてみたらあるある！
　りんごの歌も、車の歌も、くまさんの歌も!!
　そしてね、その時もこの本のように替え歌も大活躍でした。
　総勢18人の２歳児クラスの全18曲、「ぼくの歌・わたしの歌」が生まれました。
　どの子も自分の歌を歌う時はとびっきりの笑顔です。
　そして、この時のクラスは、本当に歌が大好きなクラスになりました。

Ten Little Indians

もうすぐ年長になるころの5歳児クラスの子どもたちは、その日がとっても待ち遠しいものですよね。あこがれいっぱいのその気持ちを替え歌にして、1年のしめくくりをあふれる笑顔で歌いましょう。
「大きくなったら何になりたい?」という子どもたちの夢を聞いて歌詞を工夫したり、それぞれのクラスや園の遊びに合わせて作ってみましょう。

Ten Little Indians

作詞　不詳　　アメリカ民謡

One lit-tle, two lit-tle, three lit-tle In-dians　Four lit-tle, five lit-tle, six lit-tle In-dians
Seven lit-tle, eight lit-tle, nine lit-tle In-dians　Ten lit-tle In-dian boys.

はじめよう

♪ もうすぐ　もうすぐ　もうすぐねんちょう
　 たかい　たかい　竹馬のるぞ
　 くもの　くもの　くものなかを
　 スタスタ　あるくんだ　オー！

♪ 大きく　大きく　大きくなったら
　 ケーキ　ケーキ　ケーキやになるぞ
　 たくさん　たくさん　たくさんつくり
　 まいにち　たべほうだい　ベロッ！

グーチョキパーでなにつくろう

手話ソングは何となく見栄えがいいからと実践されることも多いようですが、
「手話は耳が聞こえない人の大切な言葉である」ということを、
ぜひ子どもたちにも伝えたいですね。
簡単な手話を覚えると、遊びの世界も広がりますね。

はじめよう

グーチョキパーバージョン 1

♪グーチョキパーで グーチョキパーで
グーチョキパーを出す

♪なにつくろう なにつくろう
腕組みして左右に揺れる

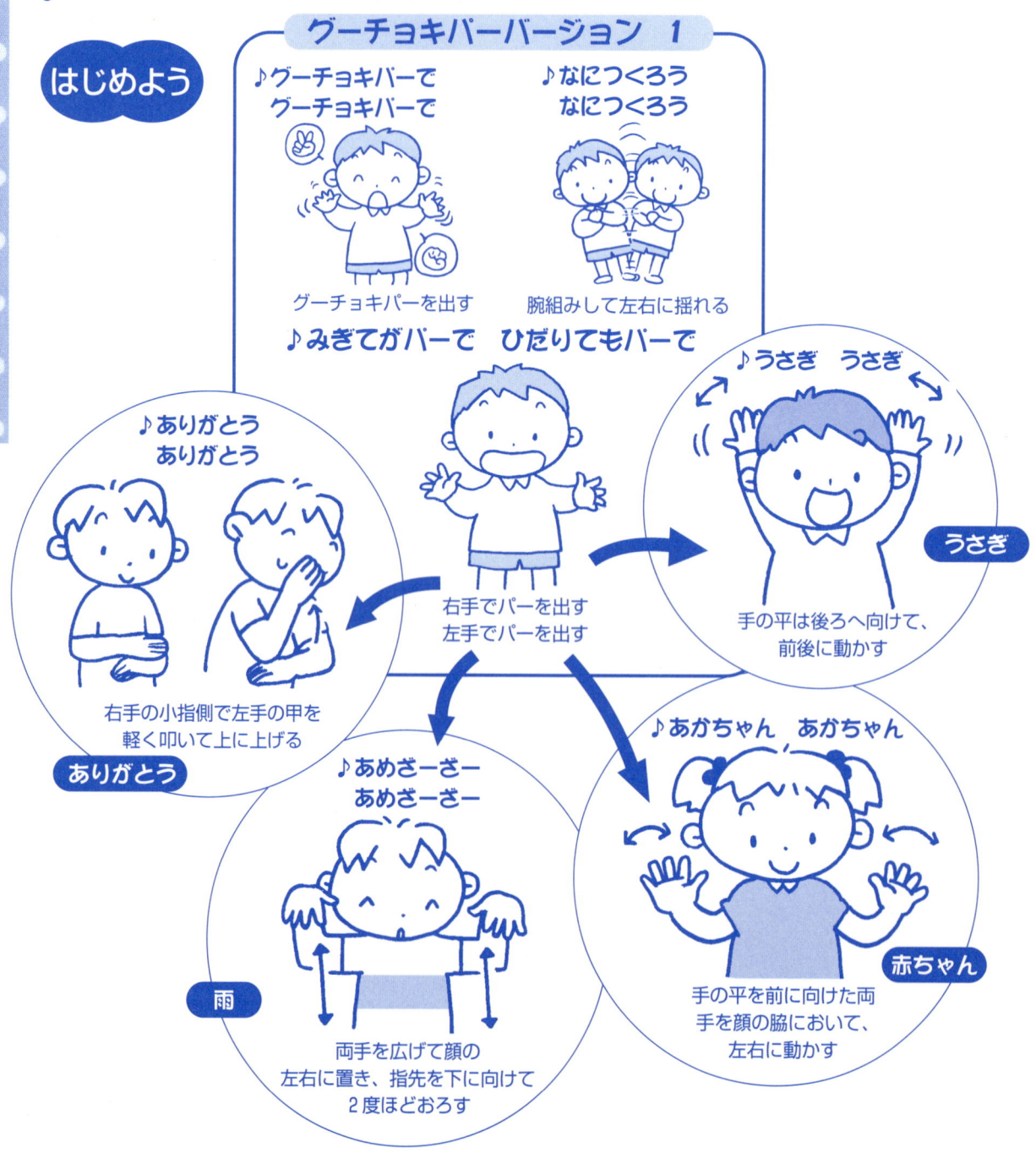

♪みぎてがパーで ひだりてもパーで
右手でパーを出す 左手でパーを出す

♪ありがとう ありがとう
右手の小指側で左手の甲を軽く叩いて上に上げる
ありがとう

♪うさぎ うさぎ
手の平は後ろへ向けて、前後に動かす
うさぎ

♪あめざーざー あめざーざー
両手を広げて顔の左右に置き、指先を下に向けて2度ほどおろす
雨

♪あかちゃん あかちゃん
手の平を前に向けた両手を顔の脇において、左右に動かす
赤ちゃん

グーチョキパーでなにつくろう

作詞 不詳　フランス民謡

グー チョキ パー で　グー チョキ パー で　なに つく ろう　なに つく ろう

みぎ て が チョキ で　ひだり て も チョキ で　かに さん　かに さん

グーチョキパーバージョン 2

♪グーチョキパーで
グーチョキパーで

♪なにつくろう
なにつくろう

♪みぎてがグーで　ひだりてもグーで

右手でグーを出す　左手でグーを出す

♪おもしろい　おもしろい

両手で拳を作り、
小指側で腹部を2～3度叩く

おもしろい

♪おせんたく　おせんたく

両手で拳を握り、
洗たくをするしぐさ

せんたく

♪ゴリラ　ゴリラ

両手の拳で交互に胸を叩く

ゴリラ

グーチョキパーバージョン 3

♪グーチョキパーで
グーチョキパーで

♪なにつくろう
なにつくろう

♪みぎてがチョキで
ひだりてもチョキで

♪かいしゃ　かいしゃ

会社

頭の左右に指をチョキにして動かす

ケーキ

♪みぎてが5で
ひだりても5で

♪ケーキ　ケーキ

左手の手の平の上に、
右手を垂直に、
縦に置く

次に横に置く

スパゲティ

♪みぎてが3で
ひだりてが5で

♪スパゲティ
スパゲティ

右手3指でスパゲッティを
混ぜるしぐさをする

数バージョン

♪１２３４５で
　１２３４５で

左手を自分の方に向け、右手人差し指で左の親指から順に指差していく

♪なにつくろう
　なにつくろう

腕組みして左右に揺れる

おそば

♪みぎてが２で
　ひだりてが５で

♪おそば　おそば

そばを右手２指でつまんで左手のつゆにつけて食べるしぐさ

とんぼ

♪みぎてが２で
　ひだりても２で

♪とんぼ　とんぼ

２指を伸ばした両手を交差させ、２指を上下に動かす

あそび

♪みぎてが１で
　ひだりても１で

♪あそび　あそび

右手で１を出す
左手で１を出す

ちょうちょう

- 親子遠足や親子遊びの時に、歌い合って楽しみましょう。
- 保護者が、子どものどこかをほめる歌詞を作り歌ってもらい、
- 子どもは同じ歌詞で歌い返します。
- 順番にマイクを送りながら歌ってもらうといいですね。

ちょうちょう

訳詞　野村秋足　　スペイン民謡

ちょう ちょう　ちょう ちょう　なのは に とまれ
なのは に あいたら さくら に とまれ
さくら の はな の はな から はな へ
とまれ よ あそべ あそべ よ とまれ

はじめよう

♪ 保護者　「みこちゃん　みこちゃん　とってもかわいいね」
　子ども　「ママも　ママも　とってもかわいいよ」
　2人で　「みこちゃんのおかお　ママのおかお
　　　　　ニコニコニコニコ　かわいいえがお」

うさぎとかめ

- クラスの一人ひとりの良いところをみんなで見つけ合ってみましょう。
- 誰にでも素敵なところがたくさんあるはずですよね。
- そして、友だちの良いところをみんなで歌ってみましょう。それぞれを見つめ合うことは、お互いを認め合うことにもつながります。クラスの絆もきっと深まると思います。
- 担任としても、子どもの新たな発見につながるかもしれませんね。

うさぎとかめ

作詞　石原和三郎　　作曲　納所弁次郎

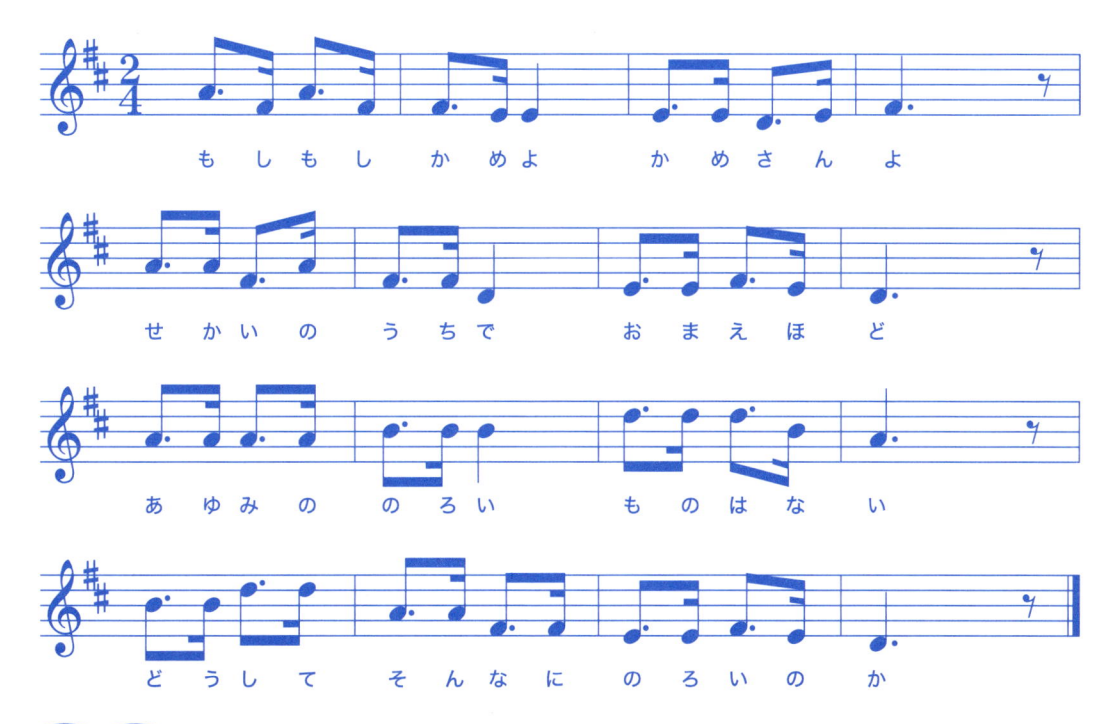

もしもし かめよ　かめさんよ
せかいの うちで　おまえほど
あゆみの のろい　ものはない
どうして そんなに　のろいのか

はじめよう

♪ もしもし○○ちゃん　よく食べる
　なんでも残さずよく食べる
　魚も野菜もお肉でも
　なんでも残さず食べる人

　もしもし△△ちゃん　いい笑顔
　泣いても怒ってもすぐ笑う
　△△ちゃんが笑えばみな笑う
　いつでも笑顔のステキな人

とんとんとんとんひげじいさん

- リーダー対子どもたちで「同じものが出せるかな」という遊びです。
- 「くま」「パンダ」「おかあさん」の動作をつけながら歌い、最後にこの中の言葉から
  リーダーと子どもたちがそれぞれ１つを選んで、同時にポーズをします。
- リーダーと同じだったら１点！！

とんとんとんとんひげじいさん

作詞　不詳　　作曲　玉山英光

とん とん とん とん　ひげ じい さん (ビョーン)　とん とん とん とん　こ ぶ じい さん (ポロッ)

とん とん とん とん　てんぐ さん (グーン)　とん とん とん とん　めがね さん (ズルッ)

とん とん とん とん　て を うえ に　らん らん らん らん　て は お ひざ

はじめよう

♪ とんとんとんとん　くまさんだ

両手のグーを上下交互に打ち合わせる

♪ 「クマ」

グーを頭にのせてクマの耳をつくる

♪ とんとんとんとん　パンダさん

両手のグーをとんとん

♪ 「パンダ」

両手を目のところへ、パンダの目をつくる

♪ とんとんとんとん　おかあさん

両手のグーをとんとん

♪ 「オッパイ」

両手のグーを胸に当ててオッパイをつくる

♪ とんとんとんとん　だあれかなー　「ハテ？」

右手グーは頭の横、左手グーは右手の肘の下に、ハテナポーズ

♪ とんとんとんとん　だあれかなー　「ハテ？」

さっきと手を逆にハテナポーズ

♪ とんとんとんとん　みーつけた

それぞれ選んでポーズ

桃太郎

かわいらしい赤ちゃんのからだのあちこちを食べ物にみたてて食べちゃいましょう。
簡単で誰でも知っている歌なので、親子遊びとして、
保護者のみなさんに紹介してあげましょう。
ほっぺ⇒トマト、耳⇒みかん、口⇒たらこ、足⇒だいこん、
おしり⇒かぼちゃなどにみたてて、
家でスキンシップするといいですね。

桃太郎

文部省唱歌　　作曲　岡野貞一

ももたろうさん ももたろうさん
おこしに つけた きびだんご
ひとつ わたしに くださいな

はじめよう

♪ ○○ちゃん　○○ちゃん

赤ちゃんを膝にすわらせて
膝をトントン上下する

♪ おーいしそうな　いちごです

赤ちゃんの鼻を人差し指で
やさしくトントン

♪ ひとつ私にくださいな

膝をトントン

「いただきまーす」と言って
鼻をムシャムシャと食べてあげましょう

こぶたぬきつねこ

一重円になります。「こぶた」「たぬき」「きつね」の歌詞を手話で表現します。
はじめに、先生対子どもたちでやってみましょう。先生はリードして歌いながら、
同時にその手話をします。子どもたちも歌と手話をしながら続きます。
この遊びを十分に楽しんだら、今度は子どもたちにも順番にリードしてもらいましょう。
いろいろな動物の手話（p74参照）を覚えて、替え歌にして楽しむのもいいですね。

こぶたぬきつねこ

作詞・作曲　山本直純

こぶた（こぶた）たぬき（たぬき）きつ
ブー（ブブブー）ポンポコポン（ポンポコポン）コン

ね（きつね）ねこ（ねこ）ブブ
コン（コンコン）ニャー

オ（ニャーオ）こぶ
た（こぶた）たぬき（たぬき）きつ
ブー（ブブブー）ポンポコポン（ポンポコポン）コン

ね（きつね）ねこ（ねこ）ブブ
コン（コンコン）ニャー

オ（ニャーオ）

手話を取り入れて

はじめよう

1人目の人が「こぶた」と歌いながら[ぶた]の手話をします。
全員で「こぶた」と歌いながら[ぶた]の手話をします。
2人目の人が「たぬき」と歌いながら[たぬき]の手話をします。
全員で「たぬき」と歌いながら[たぬき]の手話をします。
次の人は「きつね」を、そのまた次の人は「ねこ」と同様に続け、1周します。
動物の名前を「鳴き声」に変えたり、「こぶた」「ブ・ブ・ブ」と交互にやっても楽しいですね。

[ぶた] ♪ブー　ブブー

左手で丸く鼻の形を作り、チョキにした右手の指先を鼻に向かって動かす

[たぬき] ♪ポンポコポン

両手でお腹をポンポンたたくように

[きつね] ♪コン　コン

右手の親指、中指、薬指を付ける
（影絵のキツネの形）

[ねこ] ♪ニャーオ

拳の親指側をほおにあて、
2回前方に回す

カードを作ってトランプの神経衰弱遊びを楽しもう！

はじめよう

① 1枚のカードに「こぶた」の絵を一つ描き、これを4〜5枚（遊ぶ人数に合わせます）用意します。同様に「たぬき」「きつね」「ねこ」の絵カードを作り、絵が描いてある面を下にして、バラバラに床やテーブルの上に置きます。

② 歌に合わせて、「こぶた」と歌った時に1枚のカードをめくります。
次の「こぶた」の歌詞の時に、もう1枚別のカードをめくります。
2枚とも「こぶた」のカードだったら「たぬき」の歌詞に進み、同様にカードをめくっていきます。

●違うカードを引いてしまうまで、1人が続けます。違うカードを引いたら、カードを伏せて次の人に交代します。
●慣れるまでは、ゆっくり歌いましょう。

春が来た

毎日の給食のメニューを見て、替え歌で楽しんでみませんか。
おきまりの給食の歌を日課として歌うより、楽しくなるかもしれません。食事は
「楽しく食べる」ことが一番の基本。苦手なメニューの日も安心して食べたいですね。
そして「嫌いな物や苦手な物があってもいいんだ」ということを
認め合えるクラスの雰囲気が作っていけたらステキですね。

春が来た

作詞 高野辰之　作曲 岡野貞一

はるがきた　はるがきた　どこに　きた
やまにきた　さとにきた　のにも　きた

はじめよう

♪ ごはんがきた　ごはんがきた　カレーライスだ
（ここでその日のメインメニューを歌う）

　サラダもある　スープもある　スイカもあーるぞ

♪ おながすいた　おながすいた　さあたべよー
　だいすきだよ　だいすきだよ　おかわりするぞー

●この日のメニューが苦手な子は

♪「ちょっとにがてだ　ちょっとにがてだ　へらしてもらおう」
　と歌って、食べる前に減らしてもらいましょう。

かたつむり

小さな赤ちゃんとだって遊べる替え歌です。
やさしく顔やからだに触りながら歌ってあげましょう。

かたつむり

作詞・作曲 不詳

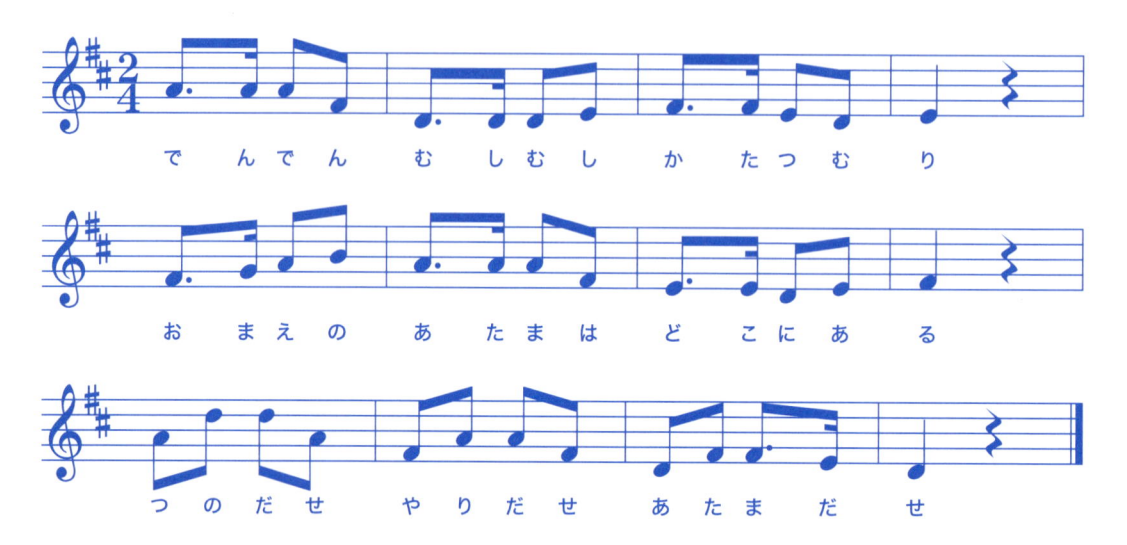

でんでん むしむし かたつむり
おまえの あたまは どこにある
つのだせ やりだせ あたまだせ

はじめよう 顔バージョン！

♪ **でんでんでこでこ**（おでこを触る）
ほーほほっぺ（ほっぺを触る）
はなはな（鼻を触る）
くちくち（口を触る）
おめめちゃん（目のまわりを触る）
○○ちゃんのお顔は（やさしく見つめながら）
かわいいねー（頭やほっぺをなでなでする）

からだバージョン！

♪ バイバイ

胸をなでなで

♪ ポンポン

お腹をなでなで

♪ おしりちゃん

おしりをなでなで

♪ かわいいあんよで

両足を交互に
歩くように

♪ あるきます

動かしてあげる

♪ ○○ちゃん
おててであくしゅです

両手をつないであげ
やさしく握手

なにかいいものみえるかな

- 一音一文字の名前のカードを作ります。
- 名前の中にかくれんぼしている言葉を子どもたちに見つけて発表してもらいます。
- 文字や言葉に興味を持ちはじめる年長さんは大喜びです。

なにかいいものみえるかな

作詞・作曲　大城荘典

おおきくおくちを　ひらいたら　な　にーかいいもの　みえるかな

むしば　のどちんこ　アー　みえた

はじめよう　まずはそれぞれ自分の名前のカードをあれこれ並べ替えて、いろいろな言葉を見つけてもらいます。その中から2つずつを歌に合わせて発表してもらいます。

♪たえちゃんの名前をのぞいたら

| と | う | き | ん | た | え |

♪なにかいいものみえるかな

♪「うた」『うた』「えき」『えき』

| う | た |　| え | き |

♪あ〜みえた

♪はじめちゃんの名前をのぞいたら

| に | ほ | ん | ま | つ | は | じ | め |

♪なにかいいものみえるかな 
♪「まめ」『まめ』「ほん」『ほん』

| ま | め | | ほ | ん |

♪あ～みえた

子どもたちに見つけられる言葉を言ってもらいます（子どもたちが考えた言葉だけでよい）。
みんな言葉を出尽くしたあたりで、2組のカードを合わせます。

♪二人の名前をのぞいたら

| と | う | き | ん | た | え |
| に | ほ | ん | ま | つ | は | じ | め |

♪なにかいいものみえるかな
♪「まほう」『まほう』「つえ」『つえ』

| ま | ほ | う | | つ | え |

♪あ～みえた

ゴシゴシゴシゴシ

- 「食べ物」や「乗り物」など同じ種類のカードを、例えば 「りんご」を人数分以上、「バナナ」を人数分以上というようにたくさん用意します。
- 部屋の真ん中にカードをバラバラに置きます。
- その周りをみんなで手をつなぎ、歌いながら歩きます。
- リーダーを決め、リーダーが言うカードを拾います。

ゴシゴシゴシゴシ

作詞・作曲　二本松はじめ

（楽譜）

ゴシゴシ　ゴシゴシ　あらって
ゴシゴシ　ゴシゴシ　あらって
ゴシゴシ　ゴシゴシ　あらって
きれいになった　だいこんさん

はじめよう

♪ゴロゴロ　ゴロゴロ　ありました
　いろんな　くだもの　ありました
　ゴロゴロ　ゴロゴロ　ありました
　ぜ〜んぶたべたい　どれにしよう
　「りんご！」

- リーダーが「りんご」と言ったら「りんご」のカードを拾います。カードは丸ごとのくだものだけでなく、「りんご」なら半分に切ったもの、色の違うもの、うさぎりんごなど、形の違うものも書いておくと楽しいです。
- 特に始めのころは全員が取れるように、カードはたくさん用意します。

♪ ゴーゴー　ブンブン　ありました
　いろんな　のりもの　ありました
　ゴーゴー　ブンブン　ありました
　ぜ～んぶのりたい　どれにしよう
　「ひこうき！」

● リーダーが「ひこうき」と言ったら「飛行機」
　のカードを拾います。

おはながわらった

いろんな動物になりきって、笑ったり、泣いたり、おこったりしてみましょう。
声の調子を変えたり、からだ全部を使って表現すると楽しいですね。

おはながわらった

作詞　保富康午　　作曲　湯山昭

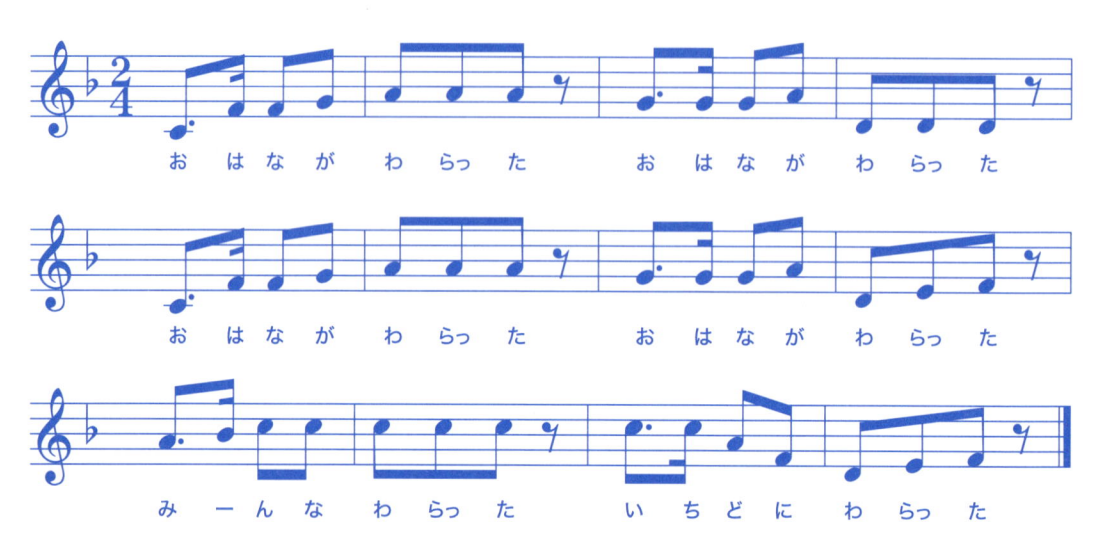

お は な が わ らった　おはながわらった
お は な が わ らった　おはながわらった
みーんなわらった　いちどにわらった

はじめよう　さる

♪ おさるがわらった　おさるがわらった　おさるがわらった　おさるがわらった
みんな わらった　いちどに わらった
きゃっきゃっきゃ……きゃ～きゃっきゃっきゃ～

それぞれ自由にさるになりきって、さるの動きを真似しながら、おおげさに笑いましょう。

うし

♪ うしさんがないた　うしさんがないた　うしさんがないた　うしさんがないた
　みんな　ないた　いちどに　ないた
　もう〜もうもうもうもう〜も〜うもうもう　もう〜

顔も声も、思いきり悲しそうに泣いちゃいましょう。

ぶた

♪ ぶたさんがおこった　ぶたさんがおこった　ぶたさんがおこった
　ぶたさんがおこった　みんなおこった　いちどに　おこった
　ぶぶーぶーぶーぶー　ぶーぶーぶぶぶー　ぶー　ぶぶぶーぶー

声や体全体で怒っているようすを表してみましょう。

金太郎

手話はひとつの単語でもいろいろな表現方法があります。
ここでは「びっくり」の表現が2種類出てきます。
「びっくり」と「ごめんね」の表現を楽しみながら覚えてみましょう。

金太郎

作詞　石原和三郎　　作曲　田村虎蔵

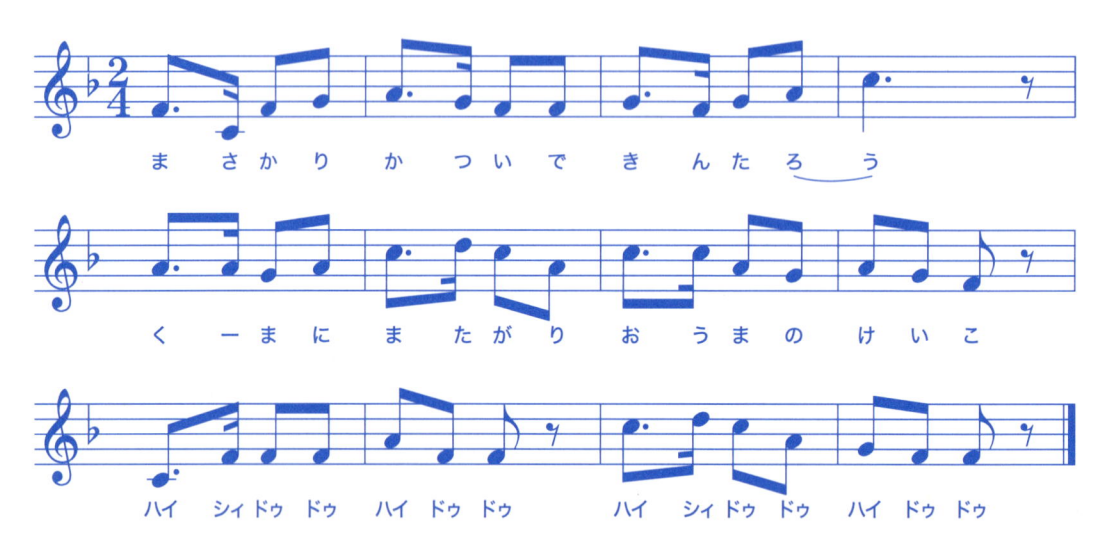

ま　さかり　か　ついで　き　んたろ　う

く　ーまに　またがり　おうまの　けいこ

ハイ　シィドゥドゥ　ハイ　ドゥドゥ　ハイ　シィドゥドゥ　ハイ　ドゥドゥ

はじめよう

♪ トコトコトコトコ　いそぎます
　あんまりいそいで

歩きまわって

♪ だれかと　こっつんこ

誰かと出会って両手を数回合わせる

♪ びっくりした

[びっくり]

手でボールをつかむようにして目にあて、その手を前に出す（おどろいて目玉が飛び出すようす）

♪ ぴょんぴょんぴょん

ジャンプ3回

♪ おどろいた

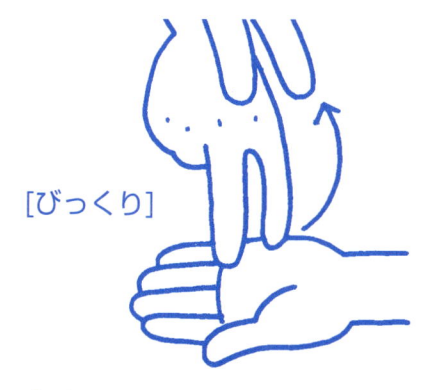

[びっくり]

左手の平にチョキにした右手をあてて、上に上げる（おどろいて飛び上がるようす）

♪ ぴょんぴょんぴょん

ジャンプ3回

♪ あいたたた　　　　　　　　　♪ ごめんね
　　　　　　　　　　　　　　　　　　　　　　[ごめんなさい]

痛いところを自分でなでなで　　親指と人差し指の先をつけた右手をひたいに
　　　　　　　　　　　　　　　当て、その手を指をそろえて前に倒す

♪ だいじょうぶ　　♪ あくしゅとあくしゅで　　♪ ニコニコなかなおり

　　　　　　　　　　右手で握手　　　　　　　左手で握手
　　　　　　　　　　　　　　　　　　　　　　握手したまま横に揺れる
相手の肩に手をおいてトントン

♪ さよなら　　　　♪ ぴょんぴょんぴょん
　　　　　　　　　　　　ジャンプ3回

　　　　　　　　　　　　　　　　　　♪ さよなら

　　　　　　　　　　　　　　　　　　左手でバイバイ

右手でバイバイ
　　　　　　　　　　　　　　　　　♪ ぴょんぴょんぴょん

　　　　　　　　　　　　　　　　　ジャンプ3回

コラム
4がいてくれるからこそ

　私が数字の中で1番選ぶのは「4」なんです。
　「4」がなぜ好きになったかというと、それは小学校の時にさかのぼります。
　くじ引きで何かを決める時に「縁起わりぃ〜」「4だけはイヤ」「死にたくない」なんて言われていつも避けられている「4」という数字が、どこかその頃の自分に重なるところがあって、「可哀想に…それならいつも私が1番に4を選ぼう」って思うようになって、いつも選んでいるうちに「4」が好きになりました。
　大人になってもホテルの部屋番号をはじめ、あちこちで「4」がはずされているのを見て、寂しい気持ちでした。
　「4」がいてくれるから「5」から先にだっていかれるのであって、「4」がいなくちゃ、他の数字だってすべて生きないのにね。
　いらない人なんて一人もいないということ、数字に置き換えて考えるとわかりやすいですね。
　誰にでも一人にひとつ、かけがえのない命がある。
　そこにいるだけで、存在意義があるんですよね。

おべんとうばこのうた

- かわいらしい動物のおべんとうをみんなで作ってみましょう。
- 子どもたちと動物の好きな食べ物を考えて替え歌にしたり、
- 手遊びを考えても楽しいですね。

おべんとうばこのうた
わらべうた

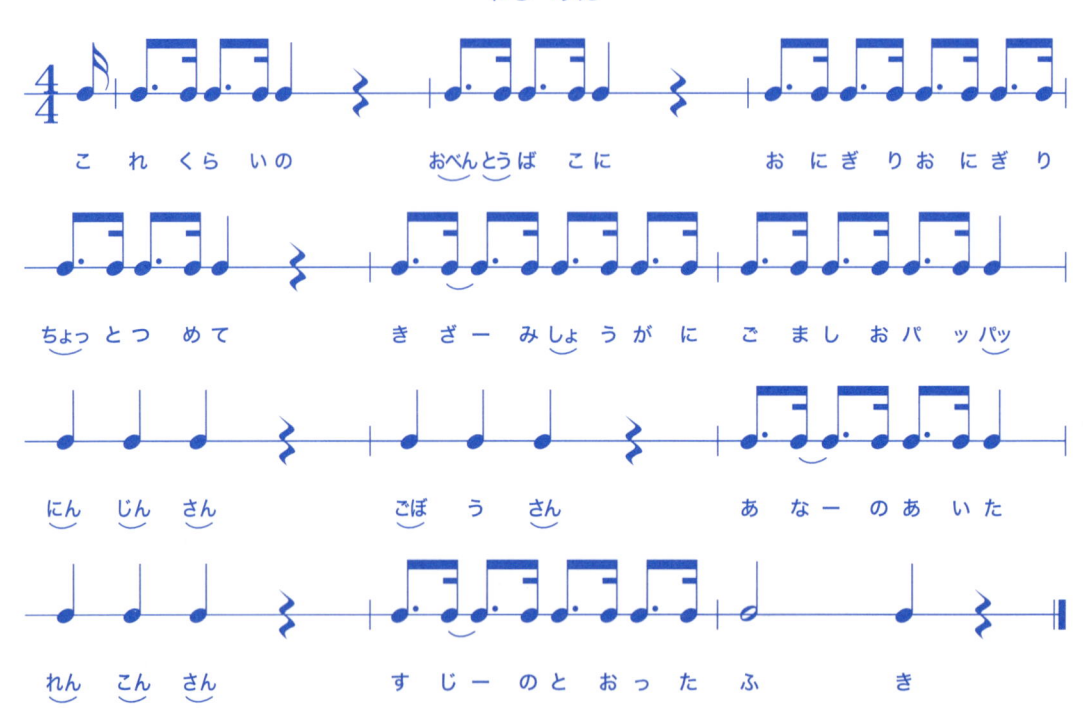

これくらいの　おべんとうばこに　おにぎりおにぎり
ちょっとつめて　きざーみしょうがに　ごましおパッパッ
にんじんさん　ごぼうさん　あなーのあいた
れんこんさん　すじーのとおったふき

はじめよう　やぎさんのおべんとうを作りましょう

♪やぎさんの 
あごの下に手を当てて下げる

♪おべんとうばこに 
両手で四角を作る

♪いろんなかみを
ちょいとつめて 
手を交互に動かしながら、左から右へお弁当箱につめるしぐさをする

♪トイレットペーパー 
かいぐりのように
手をぐるぐる回す

♪はこティッシュ 
ティッシュを両手で
交互にひっぱり出すように

♪おりがみさん 
手を返しながら合わせる

♪ちよがみさん 
反対側で同様に

♪おてがみさん 
左手の便せんに、
右手で字をかくように

♪しんぶんしさん 
新聞を広げるように手を開く

♪あなのあいたしょうじがみ 
障子に人差し指で穴を開け、
のぞき見するしぐさ

♪どれがいちばん 
あちこち指さす

♪おーいし 
ほっぺに両手の人差し指をあてる

大好きなアイスクリームを食べよう!

数人で輪になって座ります。みんなが参加型の手遊びです。
さあ、みんなで自分の好きなアイスクリームを重ねていきますよ。
人数に応じて、少なければ2つずつ重ねてもいいし、多ければ1回りするまで歌詞をふやしましょう。
すでに友だちが言ったアイスだっていいんですよ。
だって自分が食べたいアイスを重ねるのですから…。

はじめよう

♪さんかくの　コーンに
　いろんなアイスをのせましょう
　バニラアイスに　チョコアイス
　イチゴアイス　チョコミント
　ヨーグルト　ラムレーズン
　しあわせいっぱい　つみかさね
　おっとっとっと　いただきま～す

▽の形を両手の指で2回くらい描く

下向きにしたグーの手を左右交互に重ねていく

好きなアイスを言いながら
一人ずつ順番に片手のグー
を重ねていく

1人目　2人目
3人目　4人目
5人目　6人目

みんなで積み重ねたアイスを
眺めながら左右に揺れる
みんなで食べる真似をする

ピザ屋さんになって！

「ねずみさんのおべんとうばこ」を作ろうと思って、
いろんなチーズをおべんとうばこに入れて遊んでみたんだけど、
チーズの種類といっても子どもたちにはちょっと難しいですね。
そこでピザ屋さんになったのが、この遊びです。

はじめよう

♪ねずみまちの 
両手の指をしっかり開いて
ネズミの耳を表現する

♪ピザ屋さん 
両手で大きなピザの
かたちをつくる

♪いろんなチーズを
ちょいとならべ 
手の平でパッと空気を切るような
動作を左右交互にする

♪きざみチーズに 
左手の手の平の上で右手の
包丁をトントンするように

♪こなチーズ 
両手で交互に粉をつまんで
パッパとかけるように

♪チーズピザ×4回 
左右交互に、人差し指を立てて
ピザの生地を回すように

♪しっかりかくにん 
両手で本を広げるように

♪まちのチーズ 
右手人差し指で地図を指さし確認

♪ピッタリおとどけ
はい、チーズ 
左手の平でピザの箱を持つ動作、
右手でピースサイン

同じように手の平をパンにみたてて、スペシャルサンドイッチはいかがですか？

ごんべさんの赤ちゃん

くしゃみにもけっこう個性があっておもしろいですよね。
さあ、クラスの友だちのくしゃみはどんなかな？
何度か繰り返して歌い、みんなにそれぞれのくしゃみを披露してもらいましょう。
でも、本当の風邪をひいて、お休みになっちゃうと、この楽しいくしゃみ遊びも
できないから、「手洗いとうがいを忘れずにしましょうね」と
遊びの最後に言ってあげるといいですね。

ごんべさんの赤ちゃん

作詞　不詳　　アメリカ民謡

ごんべえさんの あかちゃんが かぜひいた　ごんべえさんの あかちゃんが かぜひいた
ごんべえさんの あかちゃんが かぜひいた　と　て　も あわてて しっぷした

はじめよう

♪（　）さんの（　）ちゃんが　かぜひいた
（呼ばれた子どもがくしゃみをします）
「はくしょん！」
（３人の子どもにくしゃみをしてもらいます）
それで　みんなも　かぜひいた
『は〜っくしょん！！！！！』
（全員いっしょにくしゃみしましょう）

動物さんのくしゃみは？
みんなで動物のくしゃみの真似をしてみましょう。

♪ いぬさんの　赤ちゃんが　かぜひいた
「（みんなで犬のくしゃみ）」
ねこさんの　あかちゃんが　かぜひいた
「（みんなでねこのくしゃみ）」
ぶたさんの　あかちゃんが　かぜひいた
「（みんなでぶたのくしゃみ）」
それで　みんなも　かぜひいた
「（みんなで・・・・くしゃみ）」

おおきなくりのきのしたで

- 歌いながら、子どもたちが大好きな色水遊びをしてみましょう。
- 次々に色を混ぜ合わせては、できあがった色を見て、きっと替え歌も
- 子どもたちがどんどん作ってしまうと思います。
- 何色を混ぜたらどんな色ができるか、と歌うことで色の調合にも
- ますます興味を示してくれると思います。

おおきなくりのきのしたで

作詞 不詳　外国曲

おお きなくりの きのしたで　あな－た と わ た し
なか よ く あそびましょう　おお きなくりの きのしたで

はじめよう

♪ いろんないろの　えのぐ
　きいろとあかいろ　なかよくまぜましょう
　オレンジジュースのできあがり

　いろんないろの　えのぐ
　あおいろと　あかいろ　なかよくまぜましょう
　ぶどうジュースのできあがり

　いろんないろの　えのぐ
　あかいろと　しろいろ　なかよくまぜましょう
　イチゴミルクのできあがり

　いろんないろの　えのぐ
　あおいろと　きいろ　なかよくまぜましょう
　メロンジュースのできあがり

あきあがり
ジュースの
オレンジ
きいろ
あかと

わたしは
イチゴジュース

メロン〜

ぶどう〜

とんぼのめがね

「これはどうして、この色なんだろうね？」
そんなことを子どもたちと一緒に夢みるように、考えてみませんか。
子どもらしい感覚、素敵な感性にたくさん出会えると思います。

とんぼのめがね

作詞　額賀誠志　　作曲　平井康三郎

（とんぼの　めがねは　みずいろ　めがね
あーおい　おそらを　とんだから
とんだから―）

はじめよう

♪うさぎのおめめは　あーかいおめめ
　あかい　にんじん　たべたから　たべたから

　おいしいバナナは　なぜなぜ　きいろ
　みかづきおつきさんに　にてるから　にてるから

　おいしいトマトは　なぜなぜ　あかい
　まなつの　おひさま　あびたから　あびたから

コラム
グーチョキパーな関係を

「じゃんけんぽん」「あいこでしょ」「かった〜」
　グーが勝てるのは、パーがいてくれるから…。チョキが勝てるのはパーのおかげ…。
　そしてグーがいるからこそパーが勝てる…。
　「じゃんけん」って、本当に奥が深い遊びです。
　外国では何か順番を決めたりする時、コイントスで決める国が多いですよね。でも私たちはよく、じゃんけんで決めます。
　コイントスは裏か表かだけですけど、じゃんけんには勝ちと負けだけではなく、あいこだってあります。
　この「あいこ」があるということが、子育てや保育や人生の中で大切な役割を果たしていると思いませんか。
　じゃんけんのように、互いに生かし生かされて、成長しあっていかれるようなクラスが作れたら幸せですね。
　たかがじゃんけん、されどじゃんけんです。
　ぜひ一度、身の回りのあれこれをじゃんけんに置き換えながら、みなさんも考えてみませんか。
　きっと何かが見えてくると思います。

そうだったらいいのにな

- 友だちにあこがれたり、まわりの大人にあこがれて、
- 子どもたちは大きくなっていきますね。
- 「あの子と友だちになったら、何しようかな？」
- 「あの人だったら、何できるかな？」って夢を楽しく歌ってみませんか。
- 子どもたちに「もし、……だったら」という夢を
- いっぱい出してもらいながら歌詞を作ってください。

そうだったらいいのにな

作詞　井出隆夫　　作曲　福田和禾子

そーうだったら　いいのにな　　そーうだったら　いいのにな

うちのおにわが　ジャングルで　　こいぬのタローが　ライオンだ

そーうだったら　いいのにな　　そーうだったら　いいのにな

はじめよう

もし、絵を描くことが上手なお友だちになったら…

♪ ○ちゃんだったらいいのにな
　○ちゃんだったらいいのにな
　ほいくえんじゅうにえをかいて
　あっというまにゆめのくに
　○ちゃんだったらいいのにな
　○ちゃんだったらいいのにな

もし、調理師さんになったら…

♪ ちょうりしさんならいいのにな
　ちょうりしさんならいいのにな
　きょうもあしたもカレーライス
　おやつはまいにち　たべほうだい
　ちょうりしさんならいいのにな
　ちょうりしさんならいいのにな

● 何でも食べないと栄養が…なんて教育的な言葉は、この遊びの時には忘れちゃってくださいね。
　子どもたちだってちゃんとわかっています。だからこそ、ありえないことを遊びの中でたっぷりと楽しみましょう。

もし、パイロットになったら…

♪ パイロットだったらいいのにな
　パイロットだったらいいのにな
　まいにちみんなでおさんぽだ
　ハワイもアメリカもひとっとび
　パイロットだったらいいのにな
　パイロットだったらいいのにな

どこにいこうか！

手と手と手と

- 大人も子どもも、人生いろいろ……。笑って、泣いて、怒って……。
- だからこそ生きるって豊かで、ステキで、楽しいんですよね。
- 笑顔はもちろん大切だけど、ちゃんと現実におこっているいろんなことを見つめて、
- 悲しむべきところはしっかりと悲しむこともとても大切ですよね。
- そして悲しむだけや、諦めて流されるだけでなく、しっかりと怒ることも心がけたい。
- そうやって笑顔を作りだしながら生きていきたいですね。

手と手と手と

作詞・作曲　二本松はじめ

はるだ はるだ はるだ なかまの はるだ

はるだ はるだ はるだ なかまの はるだ

てと　てと　てと　てと　てとてと てとてと　てとてと てとてと

てとてと てとてと　てとてと てとてと　なかまが いっぱい

はじめよう

♪ わらおう　わらおう　わらおう　みんなでわらおう
　 わらおう　わらおう　わらおう　おなかのそこから
　 ワハハ　ワハハ　ワハハ　ワハハ
　 ワッハハハハハハハ　ワッハハハハハハハ
　 ワッハハハハハハハ　ワッハハハハハハハ
　 えがおが　いっぱい

♪なこう　なこう　なこう　みんなでなこう
　なこう　なこう　なこう　がまんはいらない
　エンエン　エンエン　エンエン　エンエン
　エンエンエンエンエンエンエンエン
　エンエンエンエンエンエンエンエン
　エンエンエンエンエンエンエンエン
　エンエンエンエンエンエンエンエン
　かなしみながそう

♪おころう　おころう　おころう　みんなでおころう
　おころう　おころう　おころう　おこるのもだいじ
　ブンブン　ブンブン　ブンブン　ブンブン
　ブンブンブンブンブンブンブンブン
　ブンブンブンブンブンブンブンブン
　ブンブンブンブンブンブンブンブン
　ブンブンブンブンブンブンブンブン
　しあわせのために

♪つなごう　つなごう　つなごう　みんなでつなごう
　つなごう　つなごう　つなごう　てとてをつなごう
　ギュッギュ　ギュッギュ　ギュッギュ　ギュッギュ
　ギュッギュギュッギュギュッギュギュッギュ
　ギュッギュギュッギュギュッギュギュッギュ
　ギュッギュギュッギュギュッギュギュッギュ
　ギュッギュギュッギュギュッギュギュッギュ
　なかまがいっぱい

●歌詞の通りに、顔の表情をかえてみたり、全身で思いきり笑ったり、泣いたり、怒ったりを演じながら歌ってみましょう。

メリーさんのひつじ

- 歌にのって自己紹介をしてみませんか。
- ごく簡単に年齢、名前、好きな物だけを入れます。
- これならどんなふうに歌詞を作ればいいのか、子どもたちにも
  すぐにわかるので喜んでやってくれます。
- みんなの前で一人で歌うことってほとんどないけれど、
  短くて簡単な自己紹介なら、きっとできます。
- ちょっとだけ難しいことに挑戦するのが大好きな子どもたちにはもってこいです。
- でも、個人差にはしっかり配慮しましょう。中にはとても恥ずかしがり屋さんもいます。
- 最初に「一人で歌ってもいいし、お友だちに一緒に歌ってもらってもいいし、
  先生にお手伝いしてほしい人はお手伝いしますよ」などと伝えて、
  みんなが安心して始められるように声をかけておきましょう。

メリーさんのひつじ

作詞　高田三九三　　アメリカ民謡

メ　リーさん　の　ひ　つ　じ　　メ　エ　メ　エ　ひ　つ　じ

メ　リーさん　の　ひ　つ　じ　　まっ　しろ　ね

はじめまして!!　　ぼくはメリーです　　こんにちゎ!!

はじめよう

♪ ひまわりぐみ（6さいです）
　（とうきん　たえです）
　すきなものは（みかんです）
　よろしくね

「ひまわりぐみ」や「すきなものは」「よろしくね」の
ところは、はじめは先生がリードしてあげましょう。
（　　　　）の中をそれぞれに入れてもらいます。
（　　です）の「です」をつけると字あまりになって
歌いづらいときは省いてください。

この自己紹介が十分に楽しめたら、こんどは家族のこ
とを紹介してもらうのもいいですね。
おとうさんやおかあさんの仕事や好きなものを聞いて
きてもらい、歌詞を入れてみると会話もふくらみます
ね。

♪ おかあさんは（36さい）
　（ぎんこうのしごとです）
　すきなものは（ケーキです）
　よろしくね

♪ おとうさんは（40さい）
　（がっこうのせんせいです）
　すきなものは（ビールです）
　よろしくね

通りゃんせ

年長さんにおすすめの遊びです。
年長になると顔、お腹、背中、腕、足など、
さまざまな体の部位の名称を覚えていると思います。
さあ、もっと細かい部位の名称をぜひ楽しみながら覚えてみませんか。

通りゃんせ

わらべうた

とおりゃんせ とお りゃんせ ここは どこの ほそみちじゃ
てんじんーさまの ほそみちじゃ ちょっと とおして くだしゃんせ
ごようの ないもの とおしゃせぬ このこの ななつの おいわいにー
おふだを おさめに まいります いきは よいよい かえりは こわい
こわいながらも とおりゃんせ とお りゃんせ

はじめよう

各部位の名称を言って指さして答えてもらったり、先生が指をさして子どもたちに部位の名称を答えてもらったりして遊びましょう。

♪わかるかな　わかるかな
　みんなのうでは「ここですよ」
　みんなのおてては「ここですよ」
　とうさんゆびは「ここですよ」
　あかちゃんゆびは「ここですよ」
　ねえさんゆびは「ここですよ」
　かあさんゆびは「ここですよ」
　それじゃこんどは　ちょっぴりむずかしい
　みんなのひじは　どこでしょう　どこでしょう

♪わかるかな　わかるかな
　ここはみんなの「おがおです」
　ここはみんなの「おみみです」
　ここはみんなの「おはなです」
　ここはみんなの「おめめです」
　ここはみんなの「まつげです」
　ここはみんなの「まゆげです」
　それじゃこんどは　ちょっぴりむずかしい
　ここはみんなの　なんでしょう　なんでしょう
　（まぶたを示しながら）

「え～むずかしいよ」
「しらない、まだきいたことないもん」
「なになに、おしえて～」
『ではヒントです。ここは目にゴミが入らないように
いつもパッと閉まって目にフタをしてくれる、
とっても大切なところです』

「あ～わかった、めのふた！」
『おしい、３文字なのよね』
「わかった、わかった、めふた！」

そんな子どもたちのかわいらしい発想を
大人もたっぷりと楽しみながら
遊んでください。

なまえがグルグル

子どもから大人まで、部屋でも外でも、遠足のバスの中でも…、
いつでもどこでも遊べる楽しい歌です。まず、子どもたちの名前をまわしてみましょう。
名前を呼んで返事を返してもらいながら、全員の名前を呼び合います。
それから、いろいろなものの名前などをまわして楽しみましょう。

なまえがグルグル

作詞・作曲　二本松はじめ

セッセッセー ノ ヨイヨイヨイ　なまえ　なまえ
【動作】［拍手］［＊］［拍手］［＊］　［拍手］［＊］［拍手］［＊］

グ ル グ ル まわそう なまえ ハイ　はじめちゃん ハイ　〇〇〇ちゃん ハイ
［拍手］［＊］　［拍手］［＊］［拍手］［＊］［拍手］［＊］　［拍手］［＊］［拍手］［＊］　［拍手］［＊］［拍手］［＊］

＊印の動作…右隣の人の左手をたたく

幼児の場合は　なまえ　はじめちゃん　はあい
と変えてあげるとうたいやすいです

はじめよう　みんなの名前をまわすよ！

一重円になって手をつなぎます。
全員　「セッセッセーのヨイヨイヨイ」（つないだ手を振る）
　　　「なまえ　なまえ　グルグルまわそう　なまえ」
　　　（拍手を1回、右隣の人の左手を1回たたき、これを交互に繰り返す）
先生　「はじめちゃん」
はじめ「はあい、たえちゃん」
たえ　「はあい、ちえこちゃん」
と名前を呼ばれた人は、どんどん次の人の名前を呼んでまわしていきます。

八百屋さんをまわしてみよう！

♪ 全員「セッセッセーのヨイヨイヨイ」
　　　「やおや　やおや　グルグルまわそう　やおや」
先生「きゅうり」
全員「きゅうり」
先生の隣の人「キャベツ」
全員「キャベツ」
そのまた隣の人「ごぼう」
全員「ごぼう」

と、どんどん野菜の名前をまわしていきます。
もし前に誰かが言ったものを再び言ってしまったら、
みんなで「売り切れました〜」と言ってあげましょう。
そして、その人から再スタートして1周します。
人数によっては1周だけでなく、2周3周と続けて楽しんでください。

遠足の時などは、動物園に行くのならバスの座席順に、動物の名前をまわしたり、
水族館に行くなら魚の名前をまわしていくと楽しみが増しますね。
小学生以上の子どもたちや大人なら、お寿司やさんにあるもの、都道府県名、
○○線の駅名、区名、町名、などをまわしてみるのもいいですね。

こんな手話も覚えておくといいですね

[おめでとう]

すぼめた手をパッとひらきながら
上へあげる

[聞く]

右手の平を前に向け、
耳にあてて首をかしげる

[さようなら]

手をふる

[かなしい]

人差し指を目の下にあて、ほほにそって下
におろします。
(まっすぐスッとおろしてもよいし、指先を
2、3度ほほにあてながらおろしてもよい)

コラム
手話は聴覚障害者の大切な「言語」

　子どもたちと手話ソングをする時、「ただ立って歌うより、振りがついたほうが見栄えが良いから」という理由を耳にすることがあります。でも手話は"振り"ではなく、聞こえに障害のある方の大切な「言葉」です。
　せっかく手話ソングをやるのなら、子どもたちにもそのことを少しでも伝えたいですね。
　私は手話ソングをやる前に、子どもたちに『せなかをとんとん』（最上一平作　長谷川知子絵　ポプラ社刊）という絵本を読みます。
　耳の不自由なお父さんと、小学生の息子の心あたたまる物語です。そして、この本にも出てくるような手話の単語をいくつか子どもたちに教えたり、手話を入れた遊びを楽しんでから手話ソングをやります。振りではなく言葉である…ということを子どもなりに理解してくれた後は、手話ソングで動かす手にも心がこもりますよ。
　聞こえないという障害は外見からはまったくわからないため、聴覚障害者のみなさんは、さまざまなご苦労をされています。
　世の中にはいろんな人がいるということを小さいうちから自然に理解できたら嬉しいですね。
　手話ソングをせっかく楽しむなら、ぜひそこを知らせるチャンスととらえてみませんか。
　保育園、幼稚園、学校、とあちこちで広がっている手話ソングと共に、聴覚障害者に対する理解も、少しずつでも広がっていくことを願っています。

手話で動物を表わす

[ちょうちょ]

開いた両手の親指を交差させ、
両手の4指を上下させる

[カバ]

折り曲げた両手の指先を
付け合わせたり、離したりする

[わに]

指を伸ばした両手を付け合わせたり、
離したりする

[カエル]

両手の指先を向かい合わせて、
体の前で上下させる

[ねずみ]

[ぞう]

人差し指、中指を口の前でくっしんさせる

右手の手首を鼻にあてて振る

[さる]

右手の4本の指で
左手の甲をかく

[うし]

両手の親指の先を頭の両横につけ、人差し指は
かるくのばして「角」を表わす

[とら]

5指を折り曲げた両手をほほから横に動かす

[いぬ]

両手を頭の横につけて、
親指以外の4指を前に倒す

手話で自己紹介できたらいいですね

「わたしの名前は林です」を手話でしてみましょう

[わたし]

① 自分を指さす

[名前]

② 右手の親指を左手の平につける

[林]

③ 向かい合わせた両手を立て、木が何本も立っているように上下させながら、左右に少し開く

[言う]

④ 人差し指を口元から前へ出す

[よろしくお願いします]

グーの右手を鼻のところから少し前方へ出し、その手を指をそろえて前に倒します。

50音指文字から自分の名前をさがしてみましょう

あ	い	う	え	お
か	き	く	け	こ
さ	し	す	せ	そ
た	ち	つ	て	と
な	に	ぬ	ね	の
は	ひ	ふ	へ	ほ
ま	み	む	め	も

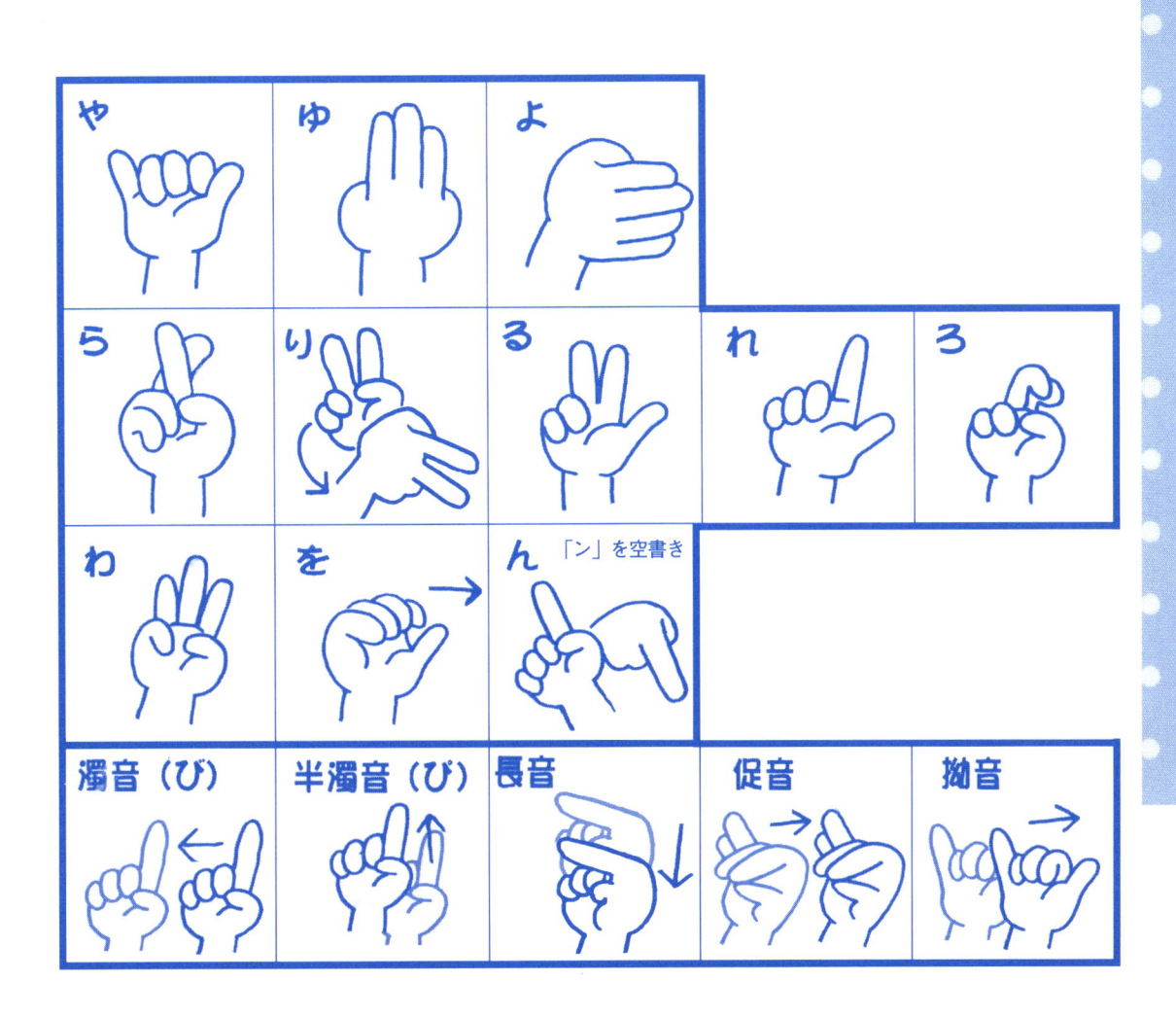

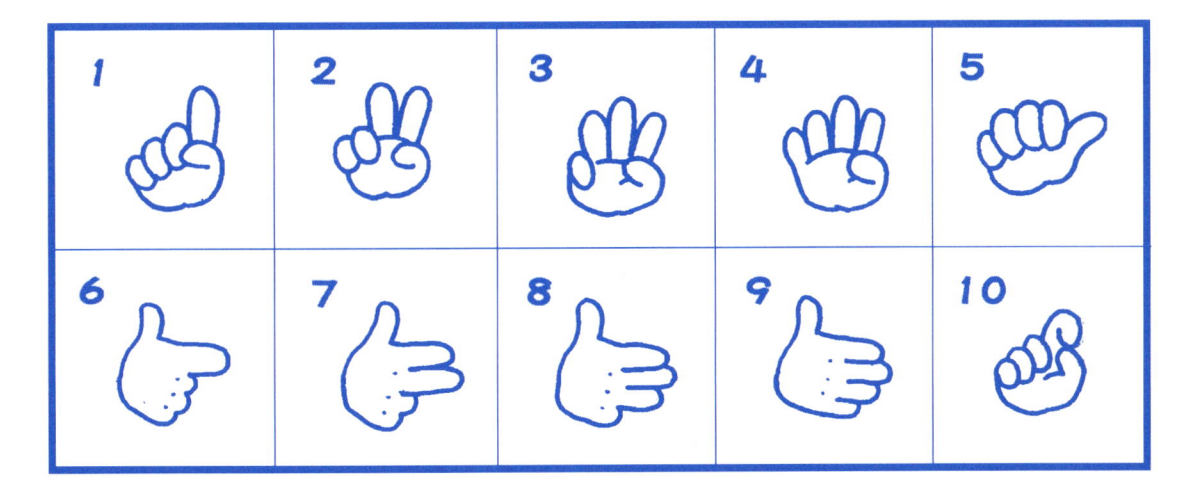

★相手から見た手の形になっています。

【編著者紹介】

頭金多絵(とうきん たえ)

東京都墨田区の保育園に26年間勤務した後、2003年秋に
親子共室「ぬくぬくだっこらんど」を開室。地域の子育てを応援するために活動中。
保育誌への執筆や、つながりあそび・絵本・手づくりおもちゃ・ダンス等の実技講習会、
保育・子育て支援の研修会などの講師を務める。
白梅学園大学・短期大学非常勤講師　全日本レクリエーション・リーダー会議常任委員
著書
『「気持ちいい」保育、見〜つけた！』（ひとなる書房）『赤ちゃんがよろこぶシンプル・
プレイ100「ねえあそんでよ」』ペニー・ワーナー著　頭金多絵監修（法研）
『まるごとバスレク 100倍楽しむ本』（共著　いかだ社）

イラスト●桜木恵美
楽譜制作●株式会社 日新
編集協力●持丸恵美子
デザイン●渡辺美知子デザイン室＋リトルこうちゃん

参考文献
『わかりやすい手話辞典』（米内山明宏監修　緒方英秋著　ナツメ社）
『わたしたちの手話』（全日本聾唖連盟「手話研究委員会」編纂　全日本聾唖連盟）

かえうた＆手遊び・手話　SONGBOOK
2008年8月8日　第1刷発行

編著者●頭金多絵©
発行人●新沼光太郎
発行所●株式会社いかだ社
〒102-0072 東京都千代田区飯田橋2-4-10加島ビル
Tel.03-3234-5365　Fax.03-3234-5308
振替・00130-2-572993

印刷・製本　株式会社ミツワ

日本音楽著作権協会（出）許諾第0809627-801号

乱丁・落丁の場合はお取り換えいたします。
ISBN978-4-87051-241-2

本書の内容を権利者の承諾なく、営利目的で転載・複写・複製することを禁じます。